SOLO CUATRO PALABRAS

SOLO CUATRO PALABRAS

Maite Cabrerizo

Teatropo

SOLO CUATRO PALABRAS

© del texto: Maite Cabrerizo
© del prólogo: Blanca Oteyza
© de la edición: Teatropo, Olé Libros, 2025
Coordinadora editorial: Susana Sierra
Corrección de estilo: Susana Sierra
Corrección de maquetación: Paloma E. Albarracín
© Canción *Mal humor*; Juanjo García Carretero
Transcripción musical de la canción *Mal humor*:
Rebeca Bayón
© Foto de portada: *amor ferus*, Samara Ibarra
© Foto de la autora: Alfonso Segura

Consejo editorial Teatropo: Álvaro Martín, Francho Aijón,
Paloma E. Albarracín y Susana Sierra.

ISBN: 979-13-87951-08-5
Depósito legal: V-3168-2025
Impreso en España

KALOSINI, S. L.
Grupo editorial olélibros
equipo@olelibros.com
www.olelibros.com

A mis padres, con los que hablo cada día
(por muy lejos que estén).

A Juanjo, el actor principal de mi vida.

A Blanca (por supuesto, Oteyza), por estar.

A los dear neighbors, *por tantos ratos.*

ÍNDICE

PRÓLOGO

Desde hace más de cuarenta años devoro obras de teatro en cualquiera de sus formas. Actúo, dirijo, produzco disfruto y sufro escenario. Tengo compañía propia, mi otra familia, y puedo decir que he hecho del teatro mi vida.

Y el teatro, como no podía ser de otra manera, puso en mi camino la amistad y el cariño de Maite Cabrertizo, autora y dramaturga honesta y sensible, sencilla y exquisita en el cuidado del amor por la vida y por todo lo que hace cada día. En ella se suman mis dos pasiones del teatro: la ficción y la realidad, el aquí y el ahora.

Porque esta obra es eso, la mezcla entre realismo mágico y la crudeza más absoluta del momento descarnado de nuestro presente.

La soledad.

Tiempo, tiempo, tiempo.

Solo cuatro palabras es mucho más que un título, es el reflejo de la calidez y la honestidad que esta obra propone. ¿Cómo se puede decir tanto, expresar tanto con esta frase tan chiquitita? Maite convierte estas tres palabras en todo un universo de realidades, sentimientos, emociones, significados, frustraciones y esperanzas.

¡Ya está todo dicho! Te encoge el alma, te saca una sonrisa, te destruye incluso, cuando las palabras salen de la mano y la boca de los personajes más generosos y amados, Florencia y Segismundo, los padres de Jesús.

La obra avanza en dos mundos paralelos. Jesús, un director de cine reconocido mundialmente, que vive sin tiempo, siempre corriendo entre proyectos y éxito, y el de sus padres, que habitan un tiempo lento, casi eterno, en su pequeño pueblo, Amapola, dedicados al amor y al cuidado del uno por el otro. Mientras uno siente que el reloj nunca se detiene, los otros parecen abrazar cada minuto que les queda, escribiendo cartas a un hijo que, en su presente, nunca vuelve.

En esta contradicción de tiempos, Maite Cabrerizo nos regala una historia llena de sensibilidad, con su estilo sencillo y emocional, capaz de trasladarnos a los rincones más íntimos de la realidad. Nos coloca en ese cruce entre la gran ciudad y el pequeño pueblo, entre el éxito frenético y el amor silencioso de unos padres que esperan. Es en este espacio teatral donde la verdad se hace palpable. Porque el teatro tiene la capacidad de reflejar la misma realidad que a menudo no sabemos ver. Al igual que nuestra autora hace con Jesús, que reacciona tras un largo camino y años de distancia y consigue encontrar en el arte un puente hacia sus raíces. Su próxima película se convierte en el homenaje que nunca tuvo tiempo de dar y cada escena es una caricia a las pequeñas cosas que había dejado atrás.

Solo cuatro palabras para darte las gracias, Maite, por este precioso regalo.

LARGA VIDA AL TEATRO

Blanca Oteyza

FICHA TÉCNICA

Número de personajes: cinco

Actores y actrices: tres actores y dos actrices

Formato: mediano

Duración: una hora y veinte minutos aproximadamente

Público: adulto

Elementos de escena:
Casa de Amapola: chimenea, mesa camilla con hule, alacena en la que se ve algún vaso, una panera con trocitos de pan, dos vasos, una baraja de cartas encima de la mesa, un cuartillo de vino, bolígrafo Bic, cuartillas, cartas. Un calendario en la pared con fechas marcadas con bolígrafo, una televisión y una radio antiguas. Un reloj de cuco igual al de la casa de Jesús.

Casa de Jesús: decoración blanca minimalista. Salón elegante, chimenea moderna que se maneja con mando, luces led, pantalla grande de televisión, cadena de sonido, sofá, barra de bar con copas y vasos y botellas de licores. Paredes con carteles de cine y películas de vídeo en la librería de casa. Un piano en un lado. En un lateral una mesa de cristal llena de carpetas, guiones y un portátil. Un reloj de cuco como el de Amapola. Una maleta Samsonite.

Gala de Premios Amodio: atril con un cartel alusivo a los premios. El público de la gala se ve en una gran pantalla elegantemente vestido, una mosca indica dónde están.

LISTA DE PERSONAJES

SEGISMUNDO
Padre del protagonista. Octogenario. Marido de Florencia. Vive en el pueblo.

FLORENCIA
Madre del protagonista. Octogenaria. Mujer de Segismundo. Vive en el pueblo.

JESÚS MUSITU
Director y guionista de cine. Cuarenta años. Vive en la ciudad.

KEPA
Compañero y amigo de Jesús. Cuarenta años. Gay y moderno. Vive en la ciudad.

PRESENTADORA GALA
Mujer joven. Dirige la entrega de los Premios Amodio (Amor) de cine.

VOZ 1
Compañero y amigo de Jesús.

VOZ 2
Compañera y amiga de Jesús.

Voz 3

Compañera y amiga de Jesús.

Voz 4

Compañero y amigo de Jesús.

Propuestas para la puesta en escena:

a. Pantalla retroiluminada que varía con el lugar donde se desarrolla la escena.

b. El escenario dividido en dos, casa de en Amapola y casa de Jesús, que se iluminarán alternativamente en cada cambio de escena.

c. Escenario móvil que gira en cada cambio de escena.

Mal humor

Autor: Juanjo García Carretero

ACTO I

ESCENA 1

Interior de una casa de un pueblo, Amapola. Brasero, aperos antiguos. En la mesa camilla están sentados FLORENCIA *y* SEGISMUNDO. *Sobre la mesa hay un frutero con alguna pieza, un trozo de pan, algún resto de cena sin retirar y dos vasos. Un calendario cuelga en la pared. Un reloj de cuco.*

SEGISMUNDO.— *(Se coloca las gafas. Ha apartado a un lado su plato. Tiene en la mesa una cuartilla y un boli en la mano. Mientras garabatea, lee en voz alta a su mujer.)* Te leo, Florencia, a ver qué te parece. «Solo cuatro palabras para decirte que estamos bien. Que tu madre ya se levanta de la cama y, según el médico, es que ha habido mucha gripe y que ahora, con la calor y el frío, y encima sin llover, coge uno de todo. Que si la cosecha se muere y el ganado que es tan duro lo pasa mal, ¡qué no van a sufrir ya dos viejos como nosotros! Que ya no somos niños, hijo, que las arrugas nos lo dicen cada día. Y más que las rayas que nos cruzan la cara, nos lo dicen los achaques, como los de tu madre». *(Esta asiente con la cabeza, tapada con una mantilla.)*

FLORENCIA.— *(Corta al marido, riendo y se señala la cara.)* Rayas no, autopistas es lo que tenemos en la cara ya. Pero dile que en tres días volveré a la faena, que falta hacen aquí manos. Que las tuyas, también con artrosis, se niegan a moverse y a cada rato están más *retorcías* las *condenás. (Ríe.)*

SEGISMUNDO.— *(Se mira las manos. Se las frota. Retoma la lectura en alto.)* «Pero dice tu madre que tú estés tranquilo, que todos sabemos qué es eso de la ciudad y del cine y que no vengas, que ahora debes estar con los líos del rodaje y...».

FLORENCIA.— *(Interrumpe.)* Y los *papschiris* esos, o los *patarachis* o como se diga eso.

SEGISMUNDO.— *(Ríe.)* Tampoco yo sé cómo dice, Florencia. Que nosotros solo hablamos castellano, y del pueblo.

(El anciano mira con cariño a su esposa. Los dos sueltan una generosa carcajada.)

FLORENCIA.— *Papartachi* o algo así dicen en la tele. *(Refunfuña.)* Pero eso pasa por tener un hijo famoso. ¡Y acomodado!

SEGISMUNDO.— ¡Pues claro! ¿Y lo hueca que te pones cuando sale en la tele? Ya verás cuando vayamos a su casa. Una urbanización, Florencia, de esas con piscina y vigilante las veinticuatro horas del día. Si hasta viven allí futbolistas. Pero déjame que siga, cariño. A ver qué te parece esto.

(Toma de nuevo la cuartilla. Se sirve un poco de vino y continúa.)

«Pero que no hace falta que te acerques, que con tus postales sentimos la casa llena. Tu madre no las quita del hueco de la alacena, aunque ya ninguno de los dos podemos leerlas. *(Se ven pocas postales por la casa.)* No sé si porque las letras se han borrado del amarillo de la humedad o porque ya, hijo, nuestros ojos no ven. *(Se quita las gafas, se frota los ojos. Vuelve a colocárselas. Su lectura es más lenta.)* Apenas si podemos recoger la cosecha u ordeñar a las vacas. Que cada vez nos la compran más barata, aunque nos da para comprar leña».

(Detiene la lectura ante la tos de su mujer. Le pasa un vaso de agua y le coloca bien la mantilla.)

«Que el rocío de la mañana es frío y ya no somos unos niños como para coger constipados. Que no sabemos cómo es tu casa de caliente ni de grande, pero que nosotros nos apañamos aquí los dos».

(Silencio. Vemos a Florencia *que reprime las lágrimas.)*

«Solos tu madre y yo».

Florencia.— *(Le corta de nuevo.)* Que se va a preocupar, Segismundo. Dile que no estamos solos, que el Dionisio o el propio alguacilillo, el que antes era campanero, buscan cobijo alguna tarde. Cobijo y darle a la húmeda *(Se señala la lengua.)*, que a todos nos viene bien. Y que ha dicho la Rosita que a ver si le busca un papel en su nueva película. ¡Anda, díselo, papá! Y que se afeite la barba, que luego destroza los cuellos de las camisas y eso queda muy mal en la tele. Que es de pobres. Díselo también, que no me gusta nada.

SEGISMUNDO.— *(Se ríe y añade lo dicho por su mujer.)* «Por eso, que la presente solo eran cuatro palabras».

(El reloj de cuco da los cuartos.)

(Oscuro.)

ESCENA 2

Casa de Jesús. *Salón moderno y nuevo. Minimalista. Todo se maneja con mando a distancia: la chimenea en una columna de cristal, las luces, el equipo de música. Pantalla grande de televisión y una barra con alguna copa y botellas. Las paredes están adornadas con carteles de cine. Películas de vídeo en la biblioteca. Un reloj de cuco igual al que está en la casa de Amapola. Un piano. En un lateral, una mesa de cristal llena de carpetas y un portátil.* Jesús *(con vaquero y camisa con cuello) habla con* Kepa. *En la mesa, muchos guiones.*

Jesús.— *(Se rasca la barba y se mira molesto el cuello rozado de la camisa.)* ¿Sabes cuántos días llevo con esto? *(Señala libretos encuadernados.)* Es que no termino de decidirme porque no valen para nada. ¡Ninguno! Basura llena de demagogia barata y lugares comunes. Tenemos que pensar, saber elegir. No vale cualquier cosa si queremos ganar el Premio Amodio; y estos guiones que habéis escogido, mi querido amigo, son basura. *(Le tira algunos.)* Ni aunque los interpretara el mismísimo Antonio Banderas.

Kepa.— *(Coge algunos papeles al vuelo.)* ¡Vale! Puede que tengas razón. A este guion le falta trama; a este le falta tensión; este aburre desde la página dos. *(Bosteza.)* ¿Pero sabes cuál es el problema? A los guionistas, y te incluyo, os faltan ideas. Os conformáis con juntar tres temas de moda, y digo tres: *(Cuenta con los dedos.)* sexo, sexo y sexo, para hacer algo casposo. Este es el resultado. *(Tira los guiones a una papelera llena de manuscritos.)*

Jesús.— *(Desesperado, vuelca la papelera y empieza a dar patadas a los guiones que se han desparramado.)* Ni con una pata de conejo en el bolsillo como Hemingway llega la inspiración.

(Se acerca a la barra y se sirve una copa. Kepa hace gesto de querer una, pero Jesús le invita como castigo a servírsela personalmente. Se sienta de nuevo en el sofá y coge un folio con una lista.)

Tenemos que saber qué quiere el público, si carne o pescado. Si dulce o salado. Si risas o lágrimas. Si pensar o divertirse. Si arte y ensayo ¡o ciencia ficción! Eso es lo importante y eso es lo que vamos a decidir AHORA. *(Sacude un folio en blanco y le hace un gesto a Kepa para que se siente y piense con él. Kepa obedece después de servirse un trago.)* Veamos, hace diez años ganó un docudrama de denuncia de Delfi Adrados, *El raro es el otro*. Un tipo que va descubriendo los locos de su ciudad y al final se da cuenta de que los locos son los únicos cuerdos o, como dijo Dalí, *(Imita al genio.)* «mi locura es sagrada, no la toquen». En la siguiente edición la ganadora fue un drama realista y crítico al estado capitalista, *La ruta de la calderilla*, donde una familia sin trabajo y sin recursos se ve obligada a vivir de la caridad social. La fotografía de Roque Narváez se llevó el premio.

KEPA.— La recuerdo. Más allá del guion, que no pongo en duda su maestría, era el momento. La crisis del ladrillo y el engaño de los bancos dejó en este país a muchas familias acomodadas en la calle, sin trabajo, sin recursos y de un día para otro se vieron obligadas a vivir de la caridad social. «Los señores del ladrillo», titulaban los periódicos. Muy duro y muy real. No hizo falta inventar mucho. Te recuerdo que yo casi estuve a punto de pedir la cartilla de asistencia social. ¡Menos mal que me acogiste bajo tu techo! *(KEPA, zalamero, hace carantoñas a JESÚS, que se lo quita de encima como puede.)*

JESÚS.— No me interrumpas o te quito la llave que, por cierto, no me has devuelto.

(KEPA hace como que rebusca en los bolsillos, en el pantalón. Se tira al sofá y con un gesto le indica que siga.)

(Continúa mirando el folio.) Vino luego un dramón *Elegía por Tomás*, el drama de un joven yonqui que muere el día de su mayoría de edad por un chute mal suministrado. El actor lo clavó. Un guion sencillo pero que llegó a todos los hogares muy de cerca, sobre

todo porque era un chico normal en una familia normal de un barrio normal. Intimista y verdadero. Otro premio a la mejor película extranjera fue *La lavadora*.

KEPA.— *La lavadora. (Saca un pañuelo y hace que llora.)* Otro golpe de efecto a los corazones. La recuerdo. ¡Dramón donde los haya!

JESÚS.— Pero de los buenos. Muy bien traído a la pantalla. Cuenta la vida de una emigrante rumana que viene a España con un contrato para trabajar en una empresa de asistencia de mayores. En su país deja a su mamá enferma, viuda y a sus no sé cuántos hermanitos. El sueño es reunir dinero para comprar una lavadora para su casa y ayudar así a su madre, que se gana la vida deslomada lavando para familias ricas. En la maleta solo lleva folletos de lavadoras que ha ido guardando durante años. Los primeros días en Madrid los pasa mirando los escaparates de tiendas de electrodomésticos, y entonces se da cuenta de que tiene que trabajar mucho para poder comprar una lavadora. Al final, la chica cae en una red de prostitución y acaban asesinándola. Para deshacerse del cuerpo, sus asesinos la descuartizan y, paradojas de la vida, la meten en una lavadora. Ganó una vez más el drama humano. No había violencia física como tal ni escenas de sangre, pero sí una violencia emocional que la hizo merecedora de la alfombra roja. ¡El final!... *(Hace gestos de girar un bombo.)* Ese bombo de lavadora girando a toda velocidad mientras unos niñitos allí en Rumanía aplaudían es colosal. ¡Sublime!

(Kepa *se emociona. Se gira para que* Jesús *no vea que usa el pañuelo, esta vez de verdad.*)

Jesús.— *(Continúa también visiblemente emocionado.)* Después, hace dos años, la ganadora fue curiosamente un documental sobre el Valle del Jerte en flor. Una declaración de amor, porque te recuerdo, Kepa, que los premios Amodio premian el amor. En todas y en cada una de sus facetas. Y en esta película desde la banda sonora a la fotografía eran puro amor por esa tierra.

Kepa.— Pues hablando de amor y de flores... *(Arrastra las palabras, con segundas.)* Te dejo aquí otra flor para tu particular jardín de amapolas. *(Saca una carta que lleva guardada en la chaqueta y la echa en una caja que hay en la estantería de la biblioteca.)* Me la ha entregado tu portero al llegar y que, *(Juguetón.)* por cierto, no está nada mal. Parece que este jardín crece y crece, ¿no? *(Señala la caja.)* Veamos qué dice esta... *(Coge una carta y empieza a leer el final de la carta que leía* Segismundo *en el pueblo.)* «Pero que no hace falta que te acerques, que con tus postales sentimos la casa llena. Tu madre no las quita del hueco de la alacena, aunque ya ninguno de los dos podemos leerlas». *(Mira a* Jesús *con enfado.)* Dime, ¿cuánto hace que no vas por Amapola? ¡Pero si no has escrito una carta desde el viaje de final de curso! ¿Y me quieres dar lecciones de amor? ¿A mí, que lloro con cada letra de tus viejos?

(Silencio. Kepa *mira de manera acusatoria a* Jesús *con intención de hacerle daño, de hacerle pensar. Sigue leyendo.)*

«Apenas si podemos recoger la cosecha o sacar la leche a las vacas. Que cada vez nos la compran más barata, aunque nos da para comprar leña». *(Se coloca delante de la chimenea.)*

JESÚS.— ¡Deja esa carta donde estaba! ¿Sabes? No hace falta que me leas la cartilla. Ya iré, ya iré.

KEPA.— ¿Sabes cuántas veces te he oído eso? Lo más que he visto es decir a tu secretaria que les mande una postal o un regalito que tú ni eliges. *(Le imita.)* «Ade, compra algo a mis viejos». ¡Esa es tu aportación!

JESÚS.— La vida de un cineasta es muy difícil. Trabajar, galas, eventos, actos sociales. Mira, ahí tengo la maleta. *(Señala una Samsonite en una esquina.)* Pero siempre surge algo más urgente.

(Se acerca en silencio a la maleta. La toca, la mueve y la devuelve a su sitio.)

KEPA.— ¿Más urgente que unos padres? ¿Que una Navidad en familia? ¿Que un cumpleaños de octogenarios que no saben si tendrán un mañana? ¿Qué es más urgente que unos viejos? No sé, Jesús, me enfadas porque tus padres me parecen adorables. No te entiendo.

JESÚS.— Venga, no me jodas, que tú eres una de las causas por las que no fui a su último aniversario. Tenía el regalo comprado, la maleta hecha. *(Coge la maleta.)* Y ¿quién me llamó hecho polvo pidiendo asilo porque le había dejado su novio? Tú, amigo Kepa. ¡Tú! *(Se aparta de la maleta.)*

KEPA.— ¿También yo tengo la culpa de que no fueras en Navidad?

JESÚS.— También tú. Tú y el resto del equipo. Porque te recuerdo que fue idea tuya hacer una cena con el equipo de rodaje. Y yo no podía faltar. Cómo iba a faltar el señor director, dijiste. Si tenía hasta los regalos comprados, te lo juro. *(Vuelve a señalar la maleta.)*

KEPA.— Yo, el trabajo, una llamada... Parece que siempre tienes las maletas hechas, pero...

JESÚS.— *(Señala la lista de películas.)* ¡O esto! Y esto es muy urgente. Tanto como para ganar el premio. Esto es lo que urge ahora.

KEPA.— ¡Lo que pagaría yo por un cocido de tu madre!

JESÚS.— Joder, Kepa, ¿me has venido a tocar los cojones? *(Señala los guiones.)* ¿Ahora que tenemos esto entre manos? Pues no lo necesito. *(Suaviza el enfado.)* Sé que no tengo excusa porque son entrañables, a ratos, también te digo, porque una semana en Amapola y vienes con diez kilos más.

KEPA.— El cocido de tu madre es incomparable. O las patatas con bacalao.

JESÚS.— Y luego el si duermes poco, estás muy delgado, trabajas mucho, no te acuestes tarde, tienes mala cara... Por no hablar de los cuellos de las camisas: «¡Hijo!, esa barba, que rozas los cuellos de la camisa y pareces un pobre». *(Se señala el cuello de su camisa y mira a* KEPA.*)* Eso también son los padres.

KEPA.— Podría ser peor. Y sí. *(Se acerca a ver la camisa.)* Tienes el cuello hecho una vergüenza.

JESÚS.— Sí, podría ser peor. Podría ser gay como tú y que mis padres me hubieran echado de casa.

KEPA.— Gay y guay, amigo de los cuellos de pobre.

JESÚS.— Pues que sepas que mi madre reza todos los días por ti. *(Pausa larga.)* No, la verdad que por mucho que busque no encuentro motivos serios para no ir. Pero...

KEPA.— Peroooooooooooooooooooooooooooo...

JESÚS.— Puestos a pensar, podemos tener miles de combinaciones para aclarar por qué no voy a Amapola. Por qué cada uno de nosotros no va a su particular Amapola. *(Mira al público y lo señala con el índice.)* Y es mucho más sencillo... *(Reflexiona.)* ¡Tiempo! Es solo la palabra tiempo. *(Señala el reloj de cuco.)* Ya lo dice el saber popular, el tiempo es lo que más queremos, pero lo que peor usamos.

KEPA.— También dice el proverbio que el tiempo es aquello que hay entre la risa y el llanto. Perdona por meterme donde no debo, pero, por favor, solo cuatro palabras. ¿Sabes? Y no lo digo en broma. Creo que aquí tienes el guion que estás buscando. *(Señala la caja de cartas y las postales colgadas en la pared.)* Que la risa de hoy no sea llanto de mañana.

(Silencio. JESÚS habla para él mismo, con la mano en el corazón.)

JESÚS.— Solo cuatro palabras...

(El reloj de cuco da la media.)

(Oscuro.)

ESCENA 3

(Casa de Amapola. FLORENCIA *está pegada al fuego. Atiza las brasas.* SEGISMUNDO *se levanta de la mesa, cierra las ventanas y hace un gesto de tener frío. Fuera es de noche. Vuelve a sentarse.)*

SEGISMUNDO.— Está cayendo la pelona esta noche. ¡Vaya frío!

FLORENCIA.— Sí, voy a poner agua a calentar para la cama, que la habitación está helada. Pero lee, lee, que mañana le doy la carta al Marcelo para que la eche al buzón.

SEGISMUNDO.— *(Se coloca las gafas, vuelve a la mesa y lee mientras* FLORENCIA *pone una cazuela con agua a hervir.)*

«Querido hijo: Solo cuatro palabras para decirte que la vida en el pueblo no ha cambiado. El médico y el cura, una vez por semana. Y los vecinos, a lo suyo. La cerda del Mariano tuvo lechones, pero nosotros ya no nos metemos en esas lides, que dice la Florencia que somos mayores y que como tú no gustas del jamón ni del chorizo del pueblo... Que ahora los jóvenes os cuidáis mucho y solo coméis verde. Y cosas sin grasas y un queso de los japoneses que lo hemos visto en la tele. Y aquí pues de eso, hijo, no hay».

FLORENCIA.— *(Refunfuñando.)* ¡Tienes cada cosa! Dile que no se preocupe, que no tenemos ya cerdos porque si un día vamos a su casa, no creo que el cerdo quepa en la maleta. *(Señala una maleta antigua, sin ruedas, en un rincón de casa.)* Y encima son vagos y guarros.

(Los dos ríen a carcajadas. El anciano escribe y repite la frase.)

SEGISMUNDO.— «Que los cerdos son vagos y guarros. *(Continúa leyendo.) Pa* los dos, un platito de alubias pintas con un trocito oreja que nos dé calor y por las noches, las sopas de pan. Que no es mucha comida, hijo, pero que poco más entra ya en el cuerpo. Pero dice tu madre que no hace falta que vengas, aunque ella siempre tiene la maleta preparada con mi pantalón del domingo, que todos conocemos qué es eso de la ciudad y hay que arreglarse un poco, por si algún día vamos a vivir contigo. Pero que no hace falta que vengas ni que escribas ni que llames..., que todos sabemos que los del cine tenéis mucho lío y muchas cenas».

FLORENCIA.— *(Se ha sentado a la mesa. Tiene en las manos las bolsas de agua.)* Cenas, cenas y cenas. Escríbele que los vecinos preguntan mucho por él, pero que yo les digo a todos que mi hijo ni duerme ni come... Que anda con el Almodóvar y que le han llamado de *Hollowo.* Se dice así, ¿verdad? Estos americanos lo quieren todo. *(Levanta la cabeza y mira con una sonrisa a su marido.)*

SEGISMUNDO.— Hollywood, querida, Hollywood.

FLORENCIA.— ¿Le has contado lo de la Lupe, la del tío Sebas?

SEGISMUNDO.— *(Le coge la mano desde el otro lado de la mesa y le responde con una carcajada.)* ¡Pues claro! Se va a reír mucho. Mira lo que he escrito. «Te diré algo sobre la Lupe, la del Rinconcillo. ¡Pues no va y me dice que a ella la llamó el mismo Almodóvar para salir en *Tacones lejanos*! Y según nos lo contaba se puso a cantar la canción de *Piensa en mí*. ¿Sabes cuál es?». *(FLORENCIA empieza a cantar bajito la canción, se une SEGISMUNDO.)* Si tienes un hondo penar, piensa en mí, si tienes ganas de llorar, piensa en mí. Ya ves que venero tu imagen divina, tu párvula boca que siendo tan niña me enseñó a pecar... *(Se ríen.)*

SEGISMUNDO.— Qué bien cantas, Florencia, tenías que haber sido cantante.

FLORENCIA.— Cantante dice, ¡quita! ¡quita!

SEGISMUNDO.— *(Continúa la lectura de la carta.)* «Dice que Pedro insistió, pero que ella no estaba para dramas, que bastante tiene con dos hijos sin dar palo. Y envidiosa que es. Que dice que los suyos son vagos, pero al menos la ven, aunque solo sea porque les da de comer. No como tú...».

(SEGISMUNDO detiene la lectura. Se pone la mano en el pecho. Evita mirar a su mujer y sigue leyendo.)

«... que desde que eres famoso no vienes porque te avergüenzas, porque con ese cochazo que tienes en nada estabas en casa...».

FLORENCIA.— *(Pensativa.)* ¡Ay, esa Lupe! ¿Tú crees que en nada estaba en casa? ¡Quita, quita! Que luego vienen las multas y los accidentes. Y ahora que hay que enchufar los coches.

SEGISMUNDO.— Lo que la Lupe tiene es envidia de nuestro hijo. Todo un director famoso que sale en la tele, con novias muy guapas y dinero. Siempre fue una envidiosa y mala persona. Si se muerde la lengua se envenena. Siempre tiene chismes para todos.

FLORENCIA.— ¡Pero si intentó echarte los tejos cuando la dejó su marido! ¿Te acuerdas? El pobre no pudo soportarla y se fue con lo puesto. Dicen que no se llevó ni calzoncillos.

SEGISMUNDO.— Al vuelo salió cuando la Lupe le recibió con la escopeta una noche que llegó un poco pasado de vino. ¡Todavía debe estar corriendo!

FLORENCIA.— *(Pensativa.)* Además, los coches los carga el diablo.

SEGISMUNDO.— Eso son las armas, querida. Las armas las carga el diablo. Y si no, acuérdate del gemelo. ¡Un drama!

FLORENCIA.— Es verdad. Pero siempre hubo dudas de si el gemelo de los Picanto mató a su hermano por error cuando estaban de caza o si lo mató queriendo y luego se suicidó. Recuerda que no se llevaban muy bien y habían discutido por la herencia.

SEGISMUNDO.— ¡Chismorreos! Bendito pueblo este donde nadie puede estar callado. Pero la mentira es como una bola de nieve, cuanto más rueda, más grande se hace. Dejemos a los muertos tranquilos, porque eso sí fue una tragedia para todos. Eso sí y no lo que diga la Lupe. *(Vuelve a centrar la atención en la cuartilla.)* «Entonces...».

FLORENCIA.— Vas a tener razón. Un vaso medio vacío es un vaso medio lleno, pero una mentira a medias no es nunca una media verdad.

SEGISMUNDO.— *(La mira admirado.)* Cariño, has dado en el clavo. *(Vuelve a centrar la atención en la cuartilla.)* «Entonces...».

FLORENCIA.— *(Le da un manotazo con cariño.)* Entonces no le digas que venga pronto, que va a pensar que somos unos ñoños y unos flojos. ¡Quita! ¡Quita! Y tampoco lo que dice la Lupe de que se avergüenza. *(Su voz tiembla emocionada.)* Quita.

(Oscuro.)

ESCENA 4

Casa de Jesús. *Está solo, poniendo el reloj de cuco en hora. Coge la caja donde están todas las cartas de Amapola. Las echa encima de la mesa y del sofá. Algunas, muchas, están todavía sin abrir. Vemos cómo al manosearlas cae una que tiene una flor de amapola seca pegada con un celo.* Jesús *la coge y la huele. Aguanta las lágrimas. Suena su móvil. A la persona que llama no se la oye.*

Jesús.— *(Se pasea por el salón con el móvil en la oreja.)* Sí, Ade, ¿me has mirado la agenda de este mes? ¿Todo completo? (...) ¿Todo? ¿Y el próximo, peor, dices? ¡Claro, la promoción! Sí, sí, está claro, claro. Lo olvidaba. (...) Pero ¿en serio no hay un viernes que pueda rascar para esa escapada? (...) Sí, a mi pueblo, a Amapola, ya te dije que tenía que buscar un fin de semana. (...) No hace falta AVE, que en nada estoy en mi coche. (...) *(Asiente.)* Sí, sí, esa cita con Producciones Mundo no la podemos quitar. Dependemos de su presupuesto para este año. (...) No, ni la reunión con Calvo ni con

39

Monreal. Prioridad absoluta. ¿Y si quito la comida del lunes y martes? (...) ¿Imposible? *(Mientras al otro lado hablan, él asiente y mira su agenda.)* Ya, no, no, claro, hay que estar. Pero nos ponemos en el próximo año casi. (...) *(Se echa las manos a la cabeza.)* Sin casi. *(Se tira en el sofá desesperado.)* Solo quiero dos días, ¡dos días sin citas! ¿Es pedir tanto? (...) El cumple de mi vieja, sí. (...) Me parece bien. Si no queda otro remedio. Sí, un chal estará bien, claro. (...) Se lo envías con una nota. Ya sabes, con cariño. ¿verdad? *(Vemos cómo se separa molesto el cuello de la camisa. Cuelga el teléfono y después de un silencio largo habla consigo mismo.)* Mamá, lo he intentado de verdad, pero... *(Coge la carta que tenía la flor seca pegada y lee en alto.)*

«Querido Jesús: Tu padre no me deja que te llame Jesusín ni Jesusito, pero eso de Jesús suena tan serio. Antes de nada, un consejo para esos cuellos sobados, hijo, que tu barba es dura y esa seda que llevas sufre. *(JESÚS se mira los cuellos.)* Pon agua oxigenada en los cuellos de la camisa antes de poner la lavadora. De verdad que quedan muy bien sin manchas de las típicas rozaduras feas. *(Se ríe generosamente.)* ¿Cómo estás? Hemos leído en los papeles, para que veas que tu padre y yo estamos al día, que te han puesto una nueva novia. Tu padre dice que no me crea mucho lo que escriben, que eso es para vender más. Bueno, sea lo que sea, aquí tiene su casa. Y una amapola que te pongo para que recuerdes de dónde vienes y que te queremos mucho, hijo mío». *(Se emociona y deja la carta.)*

Agua oxigenada. Ay, mamá, cuánto sabes. *(Huele la flor ya seca, la separa de la carta y la mete en su cartera. Busca otra carta.)*

(Lee.) «Querido Jesús: Soy mamá. Hoy han venido unos periodistas por aquí. Querían hablar con tu padre y conmigo. No sé de qué, porque ya sabes que nosotros no salimos casi de casa. Los hemos invitado a pasar a casa. Papá ha partido jamón, que con un poco de vino y el pan recién hecho se come solo. Ah, y aceite del pueblo, del bueno. ¡Se han comido todo! Ha sido muy agradable hablar de ti, de cuando llorabas porque te dejábamos solo para ir a la era o cuando te dieron el premio de poesía en el colegio. Espero que no te enfades porque les hayamos dado alguna foto tuya. ¡Nos hace tanta ilusión! Han sido amables y han prometido que nos mandarán un ejemplar de la revista gratis. ¿Te imaginas, hijo? ¡Con lo caro que es el *Hola*!».

(JESÚS deja la carta y rebusca en el montón. Se sienta encima de la maleta para leerla.)

«Querido hijo: Soy mamá de nuevo. Te escribo porque tu padre no quiere que te llame. Que sabemos que siempre estás liado. Imagínate que estás en una reunión con gente importante y te llamamos con nuestras tonterías para hablar de achaques, deja, deja. Perdona si escribo mal, pero sé que me entiendes. A papá le gustó mucho tu regalo. Mucho. Es cierto que aquí pocos momentos hay para ponerse una corbata tan elegante, que en este pueblo todo es de faena, pero la guarda con las otras corbatas de otros años para cuando vengan ocasiones. Vinieron los de siempre, ya sabes. Los tíos, nuestros amigos de la brisca y el cinquillo, algún vecino y el alcalde, por supuesto. Le hizo el nudo y le dijo: "Don Segismundo, para cuando vayas a ver a tu hijo". Papá se emocionó y dijo: "Algún día, algún día". Te mando la foto, para que veas. Está guapo papá, ¿verdad?». *(Coge la foto y la mira largo tiempo. La acaricia. Coge otra carta.)*

«Querido Jesús: Ha sido tremendo. Nos asustamos mucho cuando explotaron los metros. ¡Dios mío de mi vida y de mi corazón! ¡Dios mío! ¡Dios mío! Fue oír la noticia y llamarte. Pero nada, que no cogías. Tu padre insistió en que había que ir a Madrid, pero el alcalde lo paró. Nos dijo que era peligroso y que se habían suspendido todos los trenes. Y ya sabes que los autobuses por aquí solo pasan dos veces en semana. Que ya averiguaba él como alcalde que es. Buena gente. Me fui a la iglesia a rezar. ¡Cuántas lágrimas habré echado! Tu padre se fue al bar Manolo con el resto del pueblo. Querían ver las noticias juntos. Cuando nos dijo el alcalde que no estabas en la lista, rompimos a llorar. Que había llamado a tu despacho y la secretaria que todo lo sabe le había dicho que estabas recogiendo un premio en París. ¡Bendito premio! Papá invitó a tomar otra ronda. Al día siguiente don Germán organizó una misa por los fallecidos ese jueves maldito. Papá te llamó. Yo también, pero no cogías...».

(Sigue mirando cartas. Abre una que es más grande. Tiene fotos. Las saca y lee.)

«Querido hijo nuestro: Soy papá. Tu madre y yo celebramos ayer las bodas de esmeralda. ¿Te puedes creer? Cincuenta y cinco años casados. Es una pena que no hayas podido venir, pero no te preocupes, que el pueblo nos trata muy bien. Sacamos las mesas a las la plaza para celebrarlo con algo de comer y de beber. Vinieron todos los vecinos y hasta Jaramillo sacó el tamboril para que tu madre y yo bailáramos juntos. ¡Fue divertido! Te echamos de menos mucho, mamá, más. Últimamente nos pesan los años y mamá dice que no sabe si llegaremos a celebrar las siguientes y que tú las veas. ¡Pues claro que sí!, le digo yo. Si pudiera ser, hijo...».

(JESÚS *detiene la lectura. Toca las cartas, las huele y suspira. Coge una más. Está cerrada y rompe el sobre.*)

«Querido hijo: Soy mamá de nuevo. ¡Goooooool! Papá está emocionado. Habéis llegado a la final y quiere saber si iréis juntos al partido. Tenías quince años cuando vuestro equipo del alma ganó su única copa. Hasta hoy. Os hicisteis la promesa de volver juntos a la próxima final. Dice papá que te espera, que ya ha sacado las entradas».

(*Del sobre cae otro folio. Lee.*)

«Querido hijo: No me dio tiempo a echar la carta al buzón de Correos, pero bueno, ya da igual. No viniste y nuestro equipo perdió. No pasa nada. A papá le hubiera gustado mucho estar contigo. Te esperó hasta el último minuto con los bocadillos hechos. El tuyo de tortilla de patata con cebolla poco cuajadita y el de él, lomo con pimientos verdes de la huerta. ¡Se tenía que oler desde el campo de fútbol! Llamó y llamó, pero tu teléfono estaba fuera de servicio. O eso decía la señorita del contestador ese que habla sola todas las veces que llamamos. Pero sabemos que las cosas del cine son importantes. Alguien dijo que te había visto enfocado en la tele, en el palco de los ricos y los famosos, o que te dabas un aire, pero yo sé que no, que no eras tú, que hubieras llamado a papá porque esas promesas no se rompen. ¿Cómo era eso tan bonito que decía tu abuela al abuelo?: "No tienes que prometerme la luna. Me bastaría solo si te sentaras un ratito conmigo debajo de ella". Pero ya sabes en los pueblos, es lo que tiene, que todo el mundo habla de lo que sea».

(Tira las cartas y llora.) Era yo, era yo, era yo...

(Oscuro.)

ESCENA 5

Casa de Amapola. FLORENCIA *y* SEGISMUNDO *juegan una parti-da a las cartas. La chimenea está encendida. Encima de la mesa se ven cajas de medicamentos.*

SEGISMUNDO.— *(Baraja enfadado.)* No sé por qué me da que has sacado una carta de la manga..., no me cuadra.

FLORENCIA.— *(Riendo.)* ¡Quita! ¡Quita!, que tienes un mal perder. Tan viejo y tan protestón. Lo dice siempre Sebas, en la mesa y en el juego se conoce al caballero. Así que, venga, reparte, a ver si te cambia esa cara.

SEGISMUNDO.— Una partida más y nos vamos a acostar. Que necesitas descanso. Y te falta la última pastilla de hoy.

FLORENCIA.— Qué descanso ni qué coña. Ya descansaré cuando el Santísimo me lleve con él. *(Mira al cielo y se santigua.)* Pero que tarde, que tarde todavía, ¿verdad, Segis?

SEGISMUNDO.— Verdad de la buena. Anda que no te queda nada, cariño. Y a mí. Nos quedan muchas partidas por jugar y muchas cosas por hacer.

FLORENCIA.— ¿Tú crees?

SEGISMUNDO.— Lo creo y lo sé. *(Pone sus cartas bocabajo para que su mujer no pueda verlas.)* Nos queda conocer a nuestros nietos, porque algún día tendremos nietos.

FLORENCIA.— *(Le corta.)* Un niño y una niña, pero seguro que no se llamarán como nosotros.

SEGISMUNDO.— Pues claro que no se pueden llamar como nosotros. Se reirían de ellos en clase. Segismundín y Florencita.

FLORENCIA.— Sí, supongo que tienes razón. La nieta de Benigna se llama Marina. Y la del Eustaquio, Valeria. A ellos, a los niños, parece que les ponen nombres de futbolistas. ¿Tú crees que nuestro Jesús se casará? Mira que es guapo, pero a casa no ha traído ninguna.

SEGISMUNDO.— ¡Cómo va a traerla si no viene el pobre con el lío que tiene de la capital y el cine! Pero estoy seguro de que no tiene una, sino muchas. Si tiene porte, clase y encima dinero.

FLORENCIA.— Bueno, no viene, no viene. No lo repitas tanto. Que sabes que tiene mucho trabajo.

(Silencio.)

Porque tiene mucho trabajo, ¿verdad? Y eso es bueno. Déjale que prospere, que ya iremos cuando seamos mayores.

SEGISMUNDO.— *(Con risas señalándose el cuerpo.)* Más mayores todavía... Pues como tardemos mucho, nos tendrá que llevar en esas sillas con motor. Ya verás. Que, por cierto, son bien caras.

FLORENCIA.— ¿Y qué no es caro? Ay, Dios mío. Pero, de verdad, ¿tú crees que se casará? Ahora los jóvenes no se casan. Nosotros en cuanto pudimos lo hicimos.

SEGISMUNDO.— *(Acariciándola.)* Y volvería a decir «sí, quiero». *(Levanta la voz y grita por la ventana.)* «Sí, quiero a esta mujer por esposa. En la salud y en la enfermedad. En la alegría y en la tristeza». *(Se vuelve hacia ella y la besa cariñoso en la cabeza.)* Tuvimos una boda bonita, ¿vedad?

FLORENCIA.— ¡Muy bonita! Yo con un vestido que me dejó mi madrina. Era negro, con un lazo de raso que lo hacía tan especial. Y tú con ese traje que te estaba grande. Pero estabas tan guapo. Y el banquete.

SEGISMUNDO.— Tu padre mató un cerdo para celebrarlo. Y los míos pusieron el vino. Un fin de semana de fiesta. ¡Eso sí que eran bodas!

FLORENCIA.— ¡Sin viaje de novios! Lo único que conseguimos fue que don Indalecio nos dejara su casa esa noche. ¡Qué noche y qué muelles del diablo! ¿Te acuerdas?

SEGISMUNDO.— Como para no acordarme. Aún me duelen las costillas de lo que se movió el somier, ¿eh? *(La mira con ironía.)*

FLORENCIA.— *(Abanicándose.)* Quita, quita. No seas malo. Que ya sabes que enseguida me pongo roja.

SEGISMUNDO.— *(Le tira un beso. Se pone serio.)* Pero, se case o no nuestro hijo, hay algo más inmediato y que tenemos que dejar zanjado antes de que acabe el año, vender el casito de La Higuera. Y eso no podemos dejarlo.

FLORENCIA.— No lo dices convencido. *(Deja las cartas y le toma la mano.)*

SEGISMUNDO.— Será porque no lo estoy. Pero el Galo nos hace una oferta buena. Lo necesita para meter el ganado y, bueno, es una manera de quitarnos papeles y líos. Además, que el tejado está mal y toca arreglarlo, no vaya a ser que en una de esas se caiga y nos dé un disgusto. Que por ahí pasan muchos niños y lo que nos faltaba. Que ya sabes que las cosas viejas...

FLORENCIA.— Eso, ¿qué pasa con las cosas viejas como tú y yo?

SEGISMUNDO.— Tú no estás vieja, cariño, solo tenemos una edad.

FLORENCIA.— ¡Una edad! ¡Una edad! Todos tenemos una edad, incluso los bebés tienen una edad.

SEGISMUNDO.— Sabes a qué me refiero. Una edad y muchas canas. Además, será más sencillo dejar todo bien atado para Jesús en un futuro.

FLORENCIA.— ¡Pero él no necesita dinero!

SEGISMUNDO.— Por suerte, no. ¡Pero quién sabe si al final nosotros podremos necesitarlo! ¡Para esa silla de motor! *(Ríe.)* La Higuera algo vale, que son muchos metros de parcela, y buenos. La verdad que da pena. *(Se acerca a su mujer y le acaricia la cara con cariño.)* Fue nuestra primera casa, la que malarreglamos para poder vivir cuando nos casamos. El casado casa quiere y nosotros, pese a los peros que nos pusieron nuestros padres, queríamos la nuestra. Y la tuvimos. Sin baño, sin agua al principio, con un colchón pulgoso... Hasta que nació Jesús, que cambiamos a esta más grande y en el centro de pueblo. Pero La Higuera ha sido muy importante en nuestras vidas.

FLORENCIA.— Y el refugio de nuestro Jesusito. Cada vez que tenía una novieta o quería fumar a escondidas o hacer alguna trastada, se refugiaba en la casa. Y para leer y tocar. ¡Cómo le gustaba la música!

SEGISMUNDO.— Y le gusta tocar. Por suerte hicimos bien en comprarle aquella guitarra primero. Y después el piano. Que nuestros dineros nos costó. *(Hace el gesto.)* Que tuvimos que pagar para que nos lo trajeran de la ciudad. Fue un acontecimiento para el pueblo, que aquí solo se oye el tamboril y poco más.

FLORENCIA.— Pero bien que mereció la pena. Solo con ver su cara y los abrazos que nos dio. Y los besos, te acuerdas, ¡aquello fue una fiesta! Arreglamos el casito y pusimos allí los Estudios Amapola, como él lo llamaba.

SEGISMUNDO.— No había día que no tocara. La guitarra o el piano. Y mira ahora, si hace hasta música para sus películas, que lo dijo en una entrevista.

FLORENCIA.— Y los fines de semana se quedaba a dormir. Decía que era cuando le venía la inspiración. Y fuera la hora que fuera tocaba. Como allí no molestaba a nadie.

SEGISMUNDO.— *(Con ironía.)* A dormir o a lo que fuera. Que era todo un dandi. ¿Recuerdas el concierto en el pueblo? Por la Virgen era, que dijo el alcalde que por qué no tocaba Jesús algo para los vecinos.

FLORENCIA.— ¡Como para no recordar! Fue tan bonito todo el pueblo aplaudiendo.

SEGISMUNDO.— Sobre todo cuando tocó la canción que había compuesto él solito. *Mal humor. (Ríe.)*

FLORENCIA.— Fíjate que solo con decirlo se me pone la carne de gallina. Fue justo cuando se iba a estudiar a Madrid.

SEGISMUNDO.— ¡Ay, los hijos! Lo decía mi madre. Cuando son pequeños son nuestros, pero cuando se hacen mayores son de la vida. Es lo que le pasa a Jesús. ¡Tiempo! Le falta el tiempo que a nosotros nos sobra. Pero Jesús es muy buen chico.

FLORENCIA.— *(Emocionada.)* Mucho, como sus padres, que lo educamos con cariño y principios y eso se tiene que heredar.

SEGISMUNDO.— Espera, espera, que tengo por aquí guardada la grabación que nos regaló para que no la olvidáramos. Lástima que nunca la acabara.

(Mientras SEGISMUNDO busca en un armario, FLORENCIA quita un pañito de ganchillo con el que cubre un radiocasete de los de antes. Empieza a tararear la canción. SEGISMUNDO lo coloca y lo enchufa. Se apagan las luces mientras se les oye cantar.)

SEGISMUNDO y FLORENCIA.—

Hoy no te han ido bien las cosas,
a mí no me riegues
que soy amapola.
Y mengua el afecto
y crece el dolor,
insistes en regar con tus lágrimas,
y así le hemos hecho sitio
al mal humor.
...

(Oscuro.)

ESCENA 6

Casa de Jesús. Jesús *al piano y* Kepa *a su lado. Canturrean canciones.*

Kepa.— *(Canta la canción* Unchained Melody *de la película* Gosht *acompañado por* Jesús.) ¡Es tan emocionante! Necesito tu amor, Dios acerca tu amor a mí...

Kepa y Jesús.— *Woah, my love, my darling I've hungered for your touch. A long, lonely time And time goes by so slowly, And time can do so much. Are you still mine? I need your love. I need your love. God speed your love to me...*

Kepa.— *(Implora con las manos.)* ¡Y ahora un poco de Janis Ian!, por favor, por favor.

*(*Jesús *sonríe y empieza a cantar.* Kepa *se suma.)*

Kepa y Jesús.— *At Seventeen I learned the truth at seventeen. That love was meant for beauty queens. And high school girls with clear-skinned smiles. Who married young and then retired...*

KEPA.— *(Aplaude a rabiar.)* ¡Otra! ¡Otra! Ya está, *Titanic. (Hace que toca el violín y canta.) Every night in my dreams. I see you, I feel you. That is how I know you go on. Far across the distance. And spaces between us. You have come to show you go on...*

JESÚS.— *(Se une, y canta en castellano la parte principal.)* Cerca, lejos, donde quiera que estés, creo que el corazón sigue latiendo, una vez más abres la puerta, y estás aquí, en mi corazón, y mi corazón seguirá adelante...

(Carcajadas de KEPA, *que acompaña.* JESÚS *va cambiando a algo más animado:* Cantando bajo la lluvia. KEPA *coge un paraguas y bailotea alrededor del piano.)*

KEPA y JESÚS.— *I'm singing in the rain. Just singing in the rain. What a glorious feelin'. I'm happy again. I'm laughing at clouds. So dark up above. The sun's in my heart...*

*(*JESÚS *se para, saca una partitura y la coloca. Empieza a tocar.* KEPA *escucha y hace los coros.)*

JESÚS.—

Hoy no te han ido bien las cosas,
a mí no me riegues
que soy amapola.
Y mengua el afecto
y crece el dolor,
insistes en regar con tus lágrimas,
y así le hemos hecho sitio
al mal humor.

Y vivo hace tiempo con la sensación
de ser demasiados en casa,
y aquí no solo estamos tú y yo,
también vive el mal humor,
tu mal humor,
mi mal humor,
el mal humor,
tu mal humor,
mi mal humor,
el mal humor,
de mal humor.
Y vivo hace tiempo con la sensación,
de ser demasiados en casa,
y aquí no solo estamos tú y yo,
también vive
tu mal humor,
mi mal humor,
estás siempre
de mal humor.
Así le hemos hecho sitio
al mal humor.
No me riegues
que soy amapola...

KEPA.— ¡Por favor! Me vas a hacer llorar con tu mal humor.
¿Y esto que suena? ¿De dónde lo has sacado?

(JESÚS *continúa hasta que, emocionado, deja caer las manos sobre el piano sin acabar la canción. Se recupera y mira a* KEPA.)

JESÚS.— Y esto es todo, amigo. ¡Hasta aquí hemos llegado!

KEPA.— ¿Todo? No me puedes dejar así con esa canción. ¿Cuál es? ¿De quién es? ¿Quién la canta? ¿Cómo acaba? ¿Por qué nunca hasta ahora la había oído?

JESÚS.— *(Se ríe. Levanta las manos y pide calma. Se sirve otra copa.)* Por partes. La canción se titula *Mal humor.* Segunda pregunta, ¿de quién es? Y la respuesta es mía.

KEPA.— *(Emocionado.)* ¿Tuya? ¿Cómo que tuya?

JESÚS.— Calma, calma. La tercera pregunta era... ¿quién la canta? Pues de momento, yo solito. A la pregunta de cómo acaba no tengo respuesta porque... no acaba. Es lo que se dice una canción no acabada.

KEPA.— ¡Pero eso no puede ser! No me puedes dejar a medias. Eso no. ¡¡Mira que me pongo de un mal humor!!

JESÚS.— Calma, un poco de calma. ¿Y sabes por qué no la has oído antes? Precisamente porque no la he acabado... Parece que últimamente todo me transporta a Amapola. *(Coge la caja con las cartas.)* Esta canción comencé a cantarla en los Estudios Amapola.

KEPA.— ¿Dónde? No me suenan de nada esos estudios, pero, oye, sonar suena muy bien.

JESÚS.— *(Risas.)* Estudios Amapola en la casa de La Higuera. ¿Sabes? Era una vieja finca que tenían mis padres. Cuando nos fuimos a vivir al centro del pueblo, me la dejaron para que pudiera tener mi espacio. La usaba para reunirme con los amigos, con las novias, alguna borrachera que otra... Hasta que un día me regalaron una guitarra. Poco después llegó el piano. ¡Este piano!

KEPA.— ¿Por eso no quieres tirar esta antigualla?

JESÚS.— Por eso... Ahora no tiene nada que ver, ahora cualquier joven tiene un teclado por poco dinero. Antes no. Había que ir a la capital, hacer que lo trajeran y ¿sabes qué suponía eso para mis padres?

KEPA.— Supongo que unos ahorrillos.

JESÚS.— ¡Muchos ahorrillos! Todavía recuerdo el primer concierto que di en el pueblo. El alcalde me pidió que tocara. Fueron mis primeros aplausos y aún los llevo aquí. *(Se señala el corazón.)* Cómo no, ¡también me pidieron *Para Elisa*, de Beethoven! *(Toca las escalas.)*

KEPA.— ¿Y por qué no la acabas? La canción, digo. Es preciosa y sería un regalo maravilloso para tus padres. ¡Venga! ¡Será una manera de recuperar el tiempo perdido! *(Coge la maleta y la coloca delante de la puerta.)*

(Oscuro.)

ESCENA 7

Casa de Amapola. Florencia *sentada al fuego, cansada.* Segismundo *busca algo en un armario.*

Florencia.— ¿Tú crees que lo hemos hecho bien?

Segismundo.— *(Rebuscando.)* ¿A qué te refieres?

Florencia.— Me refiero a ser padres. Cuando le bautizamos ya lo dijo el padre Germán, para la vida no hay un libro escrito, vosotros sois la mejor lección que puede aprender.

Segismundo.— Y es lo que hemos hecho, ¿no?, enseñarle con nuestro ejemplo.

Florencia.— *(Silencio largo.)* Me da miedo que nos olvide. *(Tose largo y profundo.)*

Segismundo.— ¿Olvidarnos?

Florencia.— Me da miedo. Me da miedo que nos deje de querer. Que cuando yo no esté no se acuerde de ti.

Segismundo.— ¡Espera! ¡Espera! No sigas, Florencia. *(Toses.)*

FLORENCIA.— Sí, porque los dos sabemos que algún día uno de los dos se irá. *(Se ríe.)* Y yo voy a ser la primera. Que tus padres y abuelos llegaron a muy viejitos.

SEGISMUNDO.— *(Enfadado.)* La fiebre te hace decir tonterías. Déjame a ver cuánto tienes.

(Deja un álbum que ha sacado del armario encima de la mesa y recoge el termómetro que tiene puesto ella.)

SEGISMUNDO.— *(Preocupado.)* Ha subido un poco, pero con este jarabe se te pasa. Eso ha dicho el doctor, por eso deliras.

FLORENCIA.— Y con un achuchón también se me pasa.

SEGISMUNDO.— No seas zalamera. Sabes que me enfada que digas tonterías. ¡Por un frío tonto que has cogido! Primero tómate este jarabe y luego vemos lo del achuchón, que eres una pillina. *(Fuerza la sonrisa.)*

(SEGISMUNDO le da el jarabe. Le acaricia la cabeza y la abraza.)

Te estás poniendo muy tonta por una fiebre de nada. ¿O es una excusa para quedarte al calor mientras yo me deslomo en el campo? *(Bromea.)* Mira, he encontrado los recortes que tenemos guardados.

FLORENCIA.— Nos gusta verlos juntos, ¿verdad?

SEGISMUNDO.— ¡Verdad! Tenemos guardado todo lo que ha salido. Y leído. De arriba abajo.

FLORENCIA.— Todo, todo, no. No seas exagerado. Que hay recortes escritos en extranjero que no entendemos. ¿Te acuerdas de esa revista japonesa? Si no sabían escribir ni su nombre.

SEGISMUNDO.— ¡A saber qué dirían! *(Risas.* SEGISMUNDO *pone encima de la mesa la carpeta y empieza a rebuscar.)*

(Lee uno de los artículos.) «Jesús Musitu, la nueva figura del cine español».

FLORENCIA.— *(Aplaude.)* ¿Te acuerdas? Lo colgaron en el tablón de anuncios del ayuntamiento, para que todos los vecinos se sintieran orgullosos de nuestro Jesús.

SEGISMUNDO.— ¡Cómo no recordarlo! Fue la primera de las muchas entrevistas que vinieron.

FLORENCIA.— Lee, lee.

SEGISMUNDO.— *(Lee en alto un artículo de periódico.)* «La nueva figura del cine se llama Jesús Musitu. Un desconocido en estas lides que ha sido capaz de brillar con luz propia en el festival de San Sebastián. Su película *Hagámoslo ahora* ha sido la más aplaudida por un jurado que ha votado por unanimidad. Musitu también se ha ganado la simpatía del público, que se ha identificado con un cine directo y sin trampa».

FLORENCIA.— Cuando vino a vernos nos trajo la Concha de Oro. ¿te acuerdas?

SEGISMUNDO.— Claro, el pueblo le recibió con aplausos y el alcalde preparó una recepción en la sala de ceremonias. Estuvo la Concha una semana para que el pueblo entero la viera. Y no hay un vecino que no se hiciera una foto con ella o con Jesús.

FLORENCIA.— Nuestro hijo fue muy amable. En las entrevistas dio las gracias a Amapola.

SEGISMUNDO.— Sí, mira, justo aquí. Te leo: «Jesús Musitu tuvo también unas palabras de agradecimiento para Amapola, el pueblo donde nació y donde viven sus padres. "Hoy no estaría aquí si no fuera por ellos y por el esfuerzo de mis padres"».

FLORENCIA.— *(Emocionada.)* Se acordó de nosotros.

SEGISMUNDO.— ¡Mujer! No hables en pasado. Sabes que nos quiere mucho, pero es el tiempo, tan *(Burlón.)* fugaz. Tan breve que se escapa. *(Tiene el puño cerrado y lo abre, como si se escapara por ahí el tiempo.)*

FLORENCIA.— *(Tosiendo y riendo.)* Déjate de poesía y sigue leyendo.

SEGISMUNDO.— Todavía me acuerdo de una frase de cuando nuestro Jesús traía los deberes del cole. Era de un tal Calderón. Decía: «Afortunado el hombre que tiene tiempo para esperar». Y aquí estamos nosotros, esperando felizmente con estos recuerdos. *(Cambia de periódico y coge otro recorte.)* «Hagámoslo ahora, la película de Jesús Musitu, rompe con todos los estereotipos de un cine español anodino y acapara los titulares de la prensa francesa». Otro: «El director Jesús Musitu pisa la alfombra roja». Y este: «Venecia se rinde ante el cine de Musitu. Los italianos ven en él el neorrealismo del *Ladrón de bicicletas* de *(Le cuesta leer el nombre.)* Vittorio de Sica».

FLORENCIA.— ¿Bicicletas? Si no había bicicletas.

SEGISMUNDO.— No, cariño, es una comparación con una película italiana que por lo que se ve es muy famosa. Lo dice aquí, que cuando la posguerra, un buen hombre en paro consigue un trabajo pegando carteles a condición de que tenga una bicicleta. A duras penas consigue comprarse una, pero en su primer día de trabajo se la roban. Es así como comienza toda la aventura de este buen hombre junto con su hijo por recuperar su bicicleta.

FLORENCIA.— ¡Qué pena!, ¿no? *(Se santigua.)* Ya lo dice el refrán, a perro flaco todo son pulgas. Pero sigue, anda, sigue, qué más dice la entrevista.

SEGISMUNDO.— Sigo. Atiende. «Si en *El ladrón de bicicletas*, la bicicleta es la excusa para hablar de la fragilidad de la vida; en *Hagámoslo ahora*, algo tan común como una barra de pan se convierte en el desencadenante de una aventura que lleva a límites insospechados. Según Musitu: «Todos tenemos un pasado que nos marca y en mi caso, Amapola lo ha hecho. Me acusan de que doy más importancia a contar los sentimientos de los personajes que a la trama, pero es que sin esos personajes no hay trama. Desde el monaguillo hasta el alcalde pasando por el bar Manolo o la tienda de todo de Petra. Sin ellos, no hay historia».

FLORENCIA.— Bendito hijo nuestro. Entonces se acordaba de todo el pueblo.

SEGISMUNDO.— Entonces y ahora, Florencia. Pero a la gente esa del cine moderno no le interesan los problemas de la gente de pueblo. Que si la sequía, que si la cosecha, que si la recolecta...

FLORENCIA.— Tienes razón. Somos unos paletos. *(Risas.)* Eso es. ¿Tienes aquel recorte que hablaba de Estudios Amapola?

SEGISMUNDO.— Sí, espera, que lo busco. Fue cuando puso su música a aquella película, ¿cómo se titulaba? No me acuerdo.

FLORENCIA.— ¿La de la invitada?

SEGISMUNDO.— Sí, esa, *La invitada*. Esa película en la que todos en la boda esperan a una mujer que no llega. Es la invitada y, por lo que sea, todos la conocen y han tenido alguna relación con ella.

FLORENCIA.— Y acaba sin que la invitada llegue. Y sin que la boda se celebre.

SEGISMUNDO.— Mira, aquí lo dice. «Por primera vez, Musitu pone su música a una película que dirige. Según el director: "La música forma parte de mi pasado, de mis raíces. Conocí el lenguaje de las notas, su poder, su fuerza, en los Estudios Amapola, un regalo de mis padres y a quienes debo mi carrera. El primer recuerdo que tengo de la música fue una guitarra. Mis padres me compraron una guitarra que yo tocaba a todas las horas. Aprendí solo. Luego llegó el piano. Recuerdo que mi padre me dijo *(SEGISMUNDO sigue leyendo y en voz baja, lo repite FLORENCIA, que se lo sabe de memoria.)* que tener hijos no lo convierte a uno en padre; del mismo modo que tener un piano no lo vuelve pianista. Me tocó en mi orgullo y supe que no era un capricho, que tenía que devolverles este regalo. Los premios que estoy recibiendo, esta entrevista que usted me hace, son mi regalo a ellos».

FLORENCIA.— ¿De dónde sacaste tú esa frase?

SEGISMUNDO.— La verdad es que no recuerdo haberla dicho, pero si Jesús lo dice.

FLORENCIA.— Sí, dice mucho y muchas cosas bonitas. ¿Tú crees que el invitado era realmente él? Lee este recorte. *(Le da un recorte que saca del montón.)*

SEGISMUNDO.— Cariño...

FLORENCIA.— Lee, lee por favor.

SEGISMUNDO.— «*La invitada* parece ser una obra autobiográfica del propio Musitu. Transformado para el celuloide en ella, el director amapolense desvela que en muchas ocasiones se siente como ese invitado al que todos esperan y nunca llega, incluida a su propia casa en Amapola, a donde asegura que hace años que no encuentra ese momento por culpa de compromisos internacionales. "Sé que he fallado muchas veces, demasiadas. Pero la maleta siempre la tengo preparada", bromea».

FLORENCIA.— Sí, muchas veces. A la comunión de su ahijado no vino. Ni a la boda de la hija de Basilia. Ni cuando se inauguró la calle que lleva su nombre.

SEGISMUNDO.— No pudo, mujer.

FLORENCIA.— *(Desconfiada.)* No pudo, no pudo. Calle de Jesús Musitu.

SEGISMUNDO.— *(Bromea.)* No protestes que como te oiga el alcalde se lo cambia por un callejón.

FLORENCIA.— *(Ríe.)* Callejón sin salida Jesús Musitu. Ja, ja, ja, ja, ja, ja.

SEGISMUNDO.— ¡Es nuestro hijo!, aunque no llegue. Pero regalos no te faltan. ¿Qué me dices de ese pañuelo tan bonito que te mandó por Navidad? «Para mamá, este pañuelo con cariño».

FLORENCIA.— La letra no era de él.

SEGISMUNDO.— ¿Cómo lo sabes? Mira que eres remirada y malpensada.

FLORENCIA.— Lo sé, una madre sabe todo de su hijo. Fui yo la que le enseñó a escribir aquí, junto al fuego. Y sabes que poco sé, pero le enseñé a hacer los trazos, y la ñ era imposible. Lleva una olita encima. *(La dibuja al público.)* Y él hacía una recta muy recta.

SEGISMUNDO.— ¡Anda ya!

FLORENCIA.— Si lo sabré yo, que en muchas ocasiones la profesora le decía que pensara en una ola de mar y no la raya de una carretera. *(Ríe.)* No consiguió nunca corregirlo. Por eso sé que no escribió ni pañuelo ni cariño, como no escribió la carta de «ha llegado el otoño» o en la que pregunta por la niña, su ahijada. No, no las escribió él.

SEGISMUNDO.— ¡Cómo eres, mujer!

FLORENCIA.— Una madre lo sabe todo.

SEGISMUNDO.— Una madre muy ñoña, con una olita.

FLORENCIA.— Con una olita. *(Ríe.)* Hay cientos de entrevistas, ¿verdad?

SEGISMUNDO.— ¡Verdad!

FLORENCIA.— Pero luego dejó de hablar de nosotros, de Amapola.

SEGISMUNDO.— No digas eso, mujer, que me enfadas. Las entrevistas las cortan en los periódicos, no hay espacio y dejan lo que interesa. Me imagino a los señores directores diciendo corta esto y lo otro y lo de más allá. Y unos viejos como nosotros no interesamos. Pero estoy seguro de que él siempre lo cuenta.

FLORENCIA.— *(Empieza a cantar la canción compuesta por* JESÚS.*)* ¿Qué habrá pasado con su canción?

SEGISMUNDO.— Lo mismo ya la ha terminado.

FLORENCIA.— Lo mismo.

(Oscuro.)

ESCENA 8

Casa de Jesús. *Salón. La fiesta es en la terraza que se ve en una pantalla retroiluminada. Celebra su cuadragésimo cumpleaños. En el salón, dos globos con los números cuatro y cero y guirnaldas de cumpleaños, vasos, botellas, bandejas de comida.* Jesús *entra en el salón cantando. Coloca más botellas en una bandeja.*

Voz 1.— Bueno, ¿llega ese cava o seguimos la fiesta con agua?

Jesús.— Va, va, joder, bebéis como cosacos. ¿Dónde he dejado ese Maison Chapoutie? *(Levanta la voz.)* ¿Alguien quiere un mojito?

Voz 2.— Un poco de paté o caviar no nos vendría mal. ¿Tienes?

Jesús.— *(Busca las bandejas que están encima de la mesa. Grita.)* ¡Y del mejor!

Voz 2.— Lo que se traduce en caro. Ya se ve que en esta casa no entran sucedáneos. ¡Vaya chocita, amigo, te has buscado!

JESÚS.— *(A gritos por encima de la música.)* ¿Te gusta? Fue una oportunidad. Ya sabes.

VOZ 2.— Oportunidad de muchos ceritos.

JESÚS.— *(Sale por la puerta a la terraza con una bandeja. Vuelve a entrar al salón mientras habla. Lo vemos de nuevo en el salón buscando botellas.)* Es estar en el momento adecuado en el sitio adecuado. ¿Sabes? *(Abre la puerta un poco para que al otro lado le oigan bien.)* Alguien dijo: si aparece una ventana de oportunidad, no bajes la persiana. Y es lo que hice yo. Subir todas las persianas para dejar que entrara la luz de la fortuna. *(Sale con bandeja y vuelve a entrar bailando. Le sigue* KEPA.*)*

KEPA.— *(Bailando y cantando la misma canción que suena en el salón.)* ¡La oportunidad baila con los que están en la pista de baile!

JESÚS.— Por eso tú estás siempre de fiesta.

KEPA.— Siempre y donde haga falta. *(Baila.)* Donde huele a baile y a fiesta, ahí estoy yo. Y donde huele a comida. Qué pinta más deliciosa. *(Mira una bandeja de canapés.)* Tu Paquita no falla nunca. Te tiene la casa como los chorros de oro. ¿Los saco ya? *(Asoma la cabeza por la puerta a la terraza.)* Que ya vamos. ¡Sois unos devoradores!

(Suena un timbre y se oye abrir y saludos.)

VOZ 3.— Jesús, han llegado los rezagados. Más cerveza.

KEPA.— ¡Que corra el vino! ¡Que viva la fiesta!

(Fuera se oyen más voces nuevas que cantan, gritan feliz cumpleaños y reclaman al cumpleañero.)

Voz 4.— ¿Y ese cochecito negro cupé aparcado es el tuyo?

Jesús.—¿Mola, eh? Cuando quieras, te doy un paseo.

Voz 4.— ¡Pero conduzco yo! Quiero saber qué se siente al pisar ese acelerador. Vaya regalito te has hecho.

Jesús.— Es que los cuarenta es el inicio de una nueva fase de la vida, según la cultura islámica.

Kepa.— *(Entrando y saliendo continuamente para llevar cosas.)* ¡Cuarenta! Un número redondo. Pero te recuerdo que la Biblia dice que las lluvias del gran diluvio universal cayeron durante cuarenta días y cuarenta noches.

Voz 1.— *(Desde la pantalla.)* Y que cuarenta veces es el número que una persona castigada puede ser azotada. ¡Cuarenta rayas!

Kepa.— ¡Pues que sepáis que Jesús pasó cuarenta días de ayuno! ¡Y Moisés cuarenta en el Monte Sinaí!

Jesús.— ¿Desde cuándo eres tan religioso?

Kepa.— Desde que cumplí cuarenta años. Podría seguir.

Voz 2.— ¿En serio te han afectado tanto los cuarenta?

Kepa.— *(Prepara bebidas.)* ¡Tanto! ¿Sabías que desde la resurrección de Cristo hasta su ascensión pasaron cuarenta días?

Jesús.— *(Saliendo.)* Por favor, que alguien se lo lleveeee.

Kepa.— *(Coge un libro de la estantería de* Jesús, *que ha vuelto a entrar.)* Mira lo que dice este libro de numerología: «La vibración del destino número cuarenta necesita armonía disciplinada, confiabilidad y responsabilidad en sus vidas. Cuarenta mantiene el orden, el sistema y la rutina para hacer realidad los sueños. Es la puerta a la iluminación o iniciación. *(Deja el libro y asoma la cabeza por la puerta para hablar con los de fuera.)* Y añado yo mismo de mi propia cosecha de este intelecto que Dios me ha dado: un embarazo dura cuarenta semanas.

Voz 2.— *(Entre risas.)* El tuyo debió durar mucho menos, amigo Kepa. Creo que tu madre te expulsó antes de que la volvieras loca.

Kepa.— Mi mamá me mimaba mucho. Por cierto, yo no digo que he cumplido cuarenta, digo que como me gustaron tanto los veinte los he cumplidos dos veces. Para ligar, funciona.

*(*Kepa *choca con* Jesús, *que móvil en mano, responde como loco felicitaciones por WhatsApp.)*

Jesús.— *(En voz alta, lee a* Kepa *lo que escribe.)* «Gracias, muchos saludos». «Gracias por acordarte un año más». «A la vuelta nos vemos, tío». «A la vuelta nos vemos, guapa». Esta la copio varias veces. Picto, dibujito, meme... «Tenemos una pendiente»... ¡Por Dios! El teléfono no deja de sonar. ¡Es agotador!

Kepa.— ¿Alguna a destacar? *(Coge al vuelo uno de los canapés que lleva* Jesús.*)* Esto es caviar y no sucedáneo como el que compro en el Ahorramás.

JESÚS.— Aquí estamos, actrices, actores, fotógrafos, escenógrafos. Y periodistas de lo más granado. Son pobres, pero de pico fino. Imagínate mañana los titulares si en vez de Chatka pongo surimi de cangrejo. *(Coge un canapé.)* Me lapidan en público y adiós a una posible candidatura.

KEPA.— Tú lo has dicho. Está lo más granado del cine. Pero te podías haber traído a tus padres.

JESÚS.— Otra vez andas con lo mismo.

KEPA.— Ando con lo que importa. ¿Sabes que ayer llamaron? Cogí el teléfono porque tú andabas con tu coche nuevo.

JESÚS.— ¿Hablaste con mi padre?

KEPA.— No, con tu señora y bendita madre. ¡Una santa! Se alegró de oírme a mí en vez de ese contestador que, como dice Florencia, habla solo. Te excusé, diciendo que siempre estás trabajando, reunido, de viaje. Me sentí fatal.

JESÚS.— ¿Y qué quería?

KEPA.— ¿Qué quería? ¿Llama la víspera de tus cuarenta y me preguntas que quería? *(Se acerca a la estantería donde están las cartas de Amapola.)* Supongo que hablar, saber si ibas a ir, si podían venir.

JESÚS.— ¿Te dijo eso?

KEPA.— No, así no. Pero lo imaginé por su tono. Pero la fiesta de hoy es muy importante, en eso te doy la razón, porque si Beni da el visto bueno, si le gusta tu caviar y ese Pingus de 1300 euros le seduce, tendremos película. Así que le dije que había venido a regarte las plantas porque estabas de viaje con gente muy importante. Se alegró, pero yo me sentí mal, muy mal. Así que llama, por favor.

Jesús.— Cuando acabe la fiesta.

(Largo silencio. Vemos emocionarse a Jesús.*)*

Kepa.— Cuando acabe la fiesta.

*(*Kepa *tapa los ojos a* Jesús *con una corbata y lo empuja a la terraza. Vemos la juerga de fuera en la pantalla retroiluminada.* Kepa *lo coloca delante de una tarta gigante de cumpleaños con cuarenta velas. Se apagan las luces del salón y se ilumina solo la tarta.* Kepa *le descubre los ojos. Todos cantan a la vez el cumpleaños feliz.*)

Todos.— «Cumpleaños feliz, cumpleaños feliz, te deseamos todos, cumpleaños feliz».

(Fundido para dar paso a la escena siguiente. Las voces se apagan pero no cesan del todo.)

ESCENA 9

El fundido da paso a la casa de Amapola. El canto de cumpleaños de los invitados de Jesús *se pierde mientras se solapa el de* Florencia *y* Segismundo, *que están sentados a la mesa camilla. Hay una pequeña tarta con una vela y dos vasos de vino. Cantan y bajito, arrastrando las palabras. Soplan sin suerte. Al final* Segismundo *se chupa la yema de los dedos y la apaga.*

Segismundo.— Ya ni para apagar una vela sirvo.

Florencia.— Otro nuevo 3 de noviembre. Feliz cumpleaños, Jesusito de mi vida y de mi corazón. *(Se sienta con esfuerzo en una hamaca junto al brasero y se cubre con una manta.)*

Florencia.— *(A* Segismundo.*)* Si se retrasa un poco más, nace en el establo. Cuarenta años hace de ello. Sigo pensando que teníamos que haber ido a la ciudad, de sorpresa. Seguro que ni sopla las velas con tanto trabajo.

Segismundo.— Le has llamado para preguntar, ¿te acuerdas? Pero te respondió su amigo muy amable y dijo que hoy era un día muy complicado. Que estaba de viaje en el extranjero y eso. Y que por eso tampoco podía venir.

FLORENCIA.— Lo sé, lo sé. ¡Sí, señor! Lo primero es el trabajo, total, nosotros siempre estamos. *(Silencio.)* ¡Mi niño! Te acuerdas de aquel día, ¿verdad?

SEGISMUNDO.— ¡Cómo no me voy a acordar! Un día entero tardó en salir, que venía de nalgas. ¿Eh, Florencia? *(La acaricia con mucho cariño y la besa en la cabeza.)*

FLORENCIA.— Jesusito, Jesús, don Jesús... Suena bien, ¿verdad? Y tú empeñado en ponerle el nombre de tu abuelo Rogelio. Menos mal que el cura te convenció. «Jesús», dijo, «porque va a ser nuestra salvación».

SEGISMUNDO.— Y lo es. Y lo es, si todo esto *(Señala la casa.)* y esto *(Señala sus manos.)* es por y para él. ¡Todo! *(Se emociona.)*

FLORENCIA.— *(También emocionada y en tono cariñoso.)* Venga, viejo chocho, venga... lee lo que has escrito.

SEGISMUNDO.— *(Echa una mirada a la casa, a los recuerdos. Lee en voz alta, mirando a su mujer.)* «Querido hijo nuestro: Por la presente, solo cuatro palabras que valgan por un fuerte tirón de orejas. Tu madre te manda sus felicitaciones, que nosotros hemos tomado algo de tarta para apagar las velas porque sabemos que con tu viaje al extranjero no habrás tenido ni tiempo. Hace tanto, tanto tiempo... Todavía esta mañana la Florencia hablaba de la última vez que lo celebramos juntos. Ni sabemos cuántos años tenías, pero que justo acababas de colgar los pantalones cortos. Se te veía tan gordito».

(Mientras lee, FLORENCIA va sacando fotos de una caja de latón.)

FLORENCIA.— Casi el más alto de tu clase y el más fuerte, seguro.

SEGISMUNDO.— (Añade las últimas palabras a la carta.) «El más fuerte. Que eso lo sé yo que me ayudabas con los arados y las carretas de grava. Lo pasamos muy bien y tú eras el más feliz del pueblo. Tu madre decía que nos saldrías inteligente, pero en el fondo quería que te quedaras aquí: con ella y con el heno, conmigo y con la grava...».

(FLORENCIA suspira mientras ve las fotos. Las fotos se proyectan en la vieja chimenea.)

«Este año la cosecha no ha sido buena, y yo ya no tengo fuerzas para recoger lo poco que hay. (Saca el pañuelo para limpiarse los ojos emocionados.) La Florencia decía que, como el hijo de la Narcisa vive en la ciudad, te habría dicho que nos vendría bien una mano para algún puente o festivo, aunque yo no sé si puedes tomarte un descanso para venir a vernos. Pero han pasado los días sin respuesta».

FLORENCIA.—(Se echa las manos a la cabeza.) ¡Ay estos peliculeros!

SEGISMUNDO.— (La mira con cariño y repite la última frase.) «Pero han pasado los días sin respuesta y lo poco que hay se pasa. Así que ayer dejé sola a madre y me fui al campo con mis achaques y la tos de la mañana. Que no es de fumar, que yo de vicios, solo el vinito. Pero si hay que agacharse... Que yo sé que tú lo harías, pero que el cine te ocupa mucho».

Florencia.— Venga, firma ya y dásela al cartero, que todavía estamos a tiempo de que le llegue mañana.

(Oscuro.)

ESCENA 10

Mañana siguiente. Casa de Jesús. *Solo, aún en pijama. En el mismo salón. Se ven los restos de la fiesta de cumpleaños sin recoger, algunos globos sobreviven, otros están pinchados. Está leyendo una carta que viene de Amapola. Su lectura continúa donde la dejó* Segismundo *en la escena anterior. Su voz se entrecorta.*

Jesús.— «... Así que ayer dejé sola a la Florencia y me fui al campo con mis achaques y la tos de la mañana. Que no es de fumar, que yo de vicios, solo el vinito. Pero si hay que agacharse... Que yo sé que tú lo harías, pero que el cine te ocupa mucho. Hijo, esto lo escribo sin que tu madre lo lea. Ya no puede ver tan pequeño y soy yo el que garabatea. Hijo, mamá sigue con fiebre. Y eso me tiene preocupado».

(Se levanta, de un manotazo tira los vasos que encuentra por medio, da una patada al globo. Se sienta, llora. En ese momento se abre una puerta y aparece Kepa *en pijama.)*

KEPA.— *(Molesto.)* ¿Y ese ruido? Jesús, por favor, que aún me dura la resaca de ayer. Vaya noche ¿eh?

JESÚS.— *(Enfadado.)* Perdona, no te quería despertar. *(Disimula e intenta esconder la carta.)* Pero creo que ya podrías ayudarme a recoger esto un poco. Luego vendrá Paquita, pero no es cuestión de que vea este espectáculo más propio de veinteañeros en una noche de orgía y desparrame.

KEPA.— *(Aún resacoso.)* Bueno, tampoco fue para tanto. Hubo quien se lo pasó y se propasó más que bien..., y no miro a nadie. *(Señala a* JESÚS.*)* Pero de esta, te sale la película. Ya te digo yo que te sale.

JESÚS.— *(Triste.)* ¿A qué precio?

KEPA.— ¿A qué precio? *(Teatralizando.)* Pues ese es el quid de la cuestión, la madre de todas las películas. La lista es larga. A ver, que se me ocurra así bote pronto: actores, directores, guionistas, equipo de maquillaje, atrezo, cáterin, iluminación, sonido, operadores de cámara, yo conmigo mismo que sabes que no soy barato. Ah, y sin olvidarnos de sumar decorados, gastos de equipo, comida, alojamiento, bebida, que ya sabes que esta gente del cine bebeeeeeeeeeeee y, por último, y no menos importante, la pre y la posproducción. A ver, por ponerte ejemplos, te recuerdo que *Ágora* de Amenábar costó 50 millones de euros. De ahí a los 1,4 millones de euros que costó la de Raúl Arévalo, *Tarde para la ira*, maravillosa, por cierto, hay un mundo.

JESÚS.— No hablo solo de dinero. ¿Sabes? Hasta tres veces lo negué.

KEPA.— *(Sorprendido.)* ¿Negar el qué? ¿Pero no se supone que era yo el espiritual al que se le había ido la pinza? Pareces Pedro negando a Jesús. *(Teatraliza.)* «Pedro, te aseguro que esta noche, antes de que el gallo cante, me negarás tres veces».

(Silencio.)

JESÚS.— *(Con voz resacosa.)* Mientras preparábamos el cóctel llamaron mis padres. No cogí el teléfono. *(Levanta un dedo.)* Uno. Volvieron a llamar cuando llegó Beni y compañía. *(Levanta un segundo dedo.)* ¡2! ¿Cómo iba a coger el teléfono para hablar del campo o de lo que ha dicho la Lupe? Y la tercera... la tercera apagué el teléfono. *(Levanta un tercer dedo.)* Por vergüenza.. *(KEPA le mira son sorpresa.)* Vergüenza por no haber ido en su cumpleaños; vergüenza porque me parecía más importante aparecer en un *phototocall* que ir a Amapola; vergüenza porque los periodistas *cuchés* supieran de mis orígenes; vergüenza porque mis padres nunca están enfadados... Y cuando me di cuenta, las cartas se habían amontonado encima de mi mesa. Vergüenza.

(Oscuro.)

ESCENA 11

Se ilumina la casa de Amapola. Segismundo *está solo en el salón. Entreabre la puerta que va a una habitación. Mira despacito, apaga la luz sin hacer ruido. Susurra muy bajito.*

Segismundo.— Buenas noches, cariño, descansa.

(Cierra la puerta. Se queda mirando y apoya las manos y la frente en la madera. Llora. Despacio, se dirige a la mesa camilla. Esta vez solo hay un plato y un vaso. Se sienta torpemente, coge la cuartilla y lee en voz alta.)

«Solo cuatro palabras para decirte que tu madre no mejora. La tos es más fuerte y ayer venía con fiebre y sangre. Que ella no quiere quejarse, que no dice nada. Pero yo la veo cada día más diminuta, más pequeña... Que hoy mamá se ha levantado mal. Ha tenido un sueño raro, entrecortado, con tos y alguna que otra convulsión y me ha pedido que te escribiera solo cuatro palabras para decirte que estamos bien; que estamos juntos los tres, ella, tú y yo y nuestra caja de los secretos. ¿Te acuerdas? Te la regalamos por Navidad. Una caja de madera para guardar nuestros recuerdos y así, si un día alguno de nosotros no estaba, solo tendríamos que abrir la caja y recordar».

(Se levanta con torpeza. Rebusca en un armario, quita varias cosas y por fin saca algo. Es una caja de madera.)

«Yo hace tiempo que quise hacerlo, abrirla para sentirte más cerca, tus cosas, tu risa en la foto de aquella fiesta de verano, tu boli Bic mordisqueado. Pero tu madre erre que erre que no, que solo se abriría cuando tú no estuvieras, o cuando estuviéramos los tres, que dice tu madre que tiene un pálpito de que no será ya muy tarde. *(Pausa larga mientras acaricia la caja.)* En la caja guardamos tu primer dibujo, tus lágrimas porque la Elisa te dio calabazas y se casó con el hijo del panadero y tu foto de Comunión. También tu marcha. Te fuiste sin la caja. Que no la quisiste coger porque era solo una pequeña escapada, que enseguida volverías. ¿Cuánto hace, hijo? ¿Cuánto? La última vez que metí una foto, yo aún era joven. Hoy, hijo, me arrugo por momentos. Pero dice la Florencia que de preocuparte con mis sermones, ¡nada!, que no es cosa de ser pesados, que solo estás de paso. Que ya volverás. Y la caja, pues que ya se abrirá cuando regreses. Que si no la cogiste el día de tu marcha era porque ya llevabas mucha carga y pesaba, pero en el corazón más que en la maleta. Te llamamos en tu cumpleaños, que sabemos que no podías venir, pero que a tu madre le hubiera gustado oír tu voz. Tres veces llamamos, tres...».

(Se oye cantar un gallo tres veces. Oscuro.)

ACTO II

ESCENA 1

Gala de Premios Amodio. Un atril y una gran pantalla en la que se ve a la gente sentada en un auditorio vestida de gala. Una mosca en la pantalla indica que estamos en la Gala de Cine Amodio. Se oye una voz.

Voz Presentadora.— Y ahora, el momento más esperando, la gran triunfadora de esta noche.

(La luz enfoca el escenario. Vemos a la mujer vestida de largo en el atril, con papeles, dirigiéndose al público que está en la pantalla.)

(Imitando a Hannibal Lecter.) «Una vez, uno del censo intentó hacerme una encuesta. Me comí su hígado acompañado de habas y un bien Chianti». Memorable interpretación de Anthony Hopkins en el *Silencio de los corderos*. Yo, para evitar que alguien quiera comerse mi hígado o mi corazón, no voy a hacer una encuesta sobre cuál es la película ganadora de la VIII edición de los Premios de cine Amodio. *(Eleva la voz.)* Porque a estas alturas todos sabemos que hay UNA. *(Enseña*

el sobre que tiene cerrado y lo muestra al público.) Por su interpretación, por su guion, por su sensibilidad, porque ha removido conciencias, por su puesta en escena, porque el cine está también para cambiar el mundo, por todo eso, este año el premio es para... *(Abre el sobre. Se oye música de suspense.) Solo cuatro palabras*, guion y dirección de Jesús Musitu.

(El auditorio irrumpe en aplausos y entra en escena Jesús, *trajeado. Abraza a la presentadora y hace una reverencia al público que se en imágenes en una gran pantalla.)*

Jesús.— Gracias, gracias. ¡Gracias! *(La ovación dura un minuto en el que* Jesús *aplaude, hace reverencias y saluda al público. Se coloca incómodo el cuello de la camisa primero y se raspa la incipiente barba del cuello después. En la gran pantalla se ve congelado un fotograma de la película: unos abuelos sentados al fuego de una chimenea y una vieja maleta.)* Gracias a vosotros y gracias a ellos. Ha costado mucho llegar hasta aquí. *(La presentadora junto a él en el atril le pasa la mano por el hombro.)* Mucho. Noches en vela, debates, discusiones, rodajes interminables, bajas... Y vosotros diréis, vamos, lo que es habitual en un rodaje. Sí, pero con una diferencia. *(Señala al fotograma de la pantalla.)* ELLOS. Ellos me dieron la idea original, el mejor guion basado en hechos reales.

(Saca unas hojas, las deja en el atril. Las mira y luego mira al público que aparece de nuevo en la gran pantalla.)

Como decía Groucho Marx: «Una mañana le disparé a un elefante con pijama. Cómo se metió en mi pijama, no lo sé». Grande, Groucho, porque eso es lo que me ha pasado a mí. Un día me regalaron unas líneas. *(Saca un sobre cerrado de su bolsillo como las cartas que ha ido leyendo y lo muestra al público.)* Como buen arquitecto diseñé el edificio, este *(Señala al fotograma.),* me busqué un gran equipo, el mejor. *(Señala en la pantalla a un grupo de personas que saludan con la mano y se besan.)* Juntos diseñamos el proyecto, obtuvimos las licencias y conseguimos la financiación. Este, sin duda, *(Señala de nuevo al auditorio y a la presentadora.)* es el certificado de fin de obra. El mejor final para un edificio y para una película.

(Se oyen largos aplausos del auditorio.)

Gracias, gracias, mil gracias, gracias. Ayer al mediodía recibí la llamada que todos los directores esperamos. ¿Saben? Me sentía como un ministro. Sí, eso es. Ya saben a qué me refiero. Es como cuando hay cambio de ministros en el Gobierno. Todos se quedan en sus casas esperando esa llamada del presidente en la que le dice su decisión. Tú, sí; tú, no. Bueno con una insignificante diferencia, el sueldo. Aquí, en este mundillo del cine, el que se va no cobra. *(Risas generales del auditorio.)* Y el que entra, depende de cómo lo haga. *(Siguen las risas.)* Son mañanas tensas, largas, en las que intentas evadirte, quitarle importancia; lo importante es participar, dicen. Pero en el fondo sabes que te juegas mucho, que te juegas todo. Por el equipo, por ti, pero también en películas como estas por tu dignidad, por la dignidad del ser humano. Porque son películas que remueven conciencias y eso no gusta a nadie. A ninguna persona nos gusta que nos lean la cartilla, que nos juzguen en público. Y *Solo cuatro palabras* es un juicio en toda regla, en el que todos podíamos ser protagonistas. En el que yo, desgraciadamente, lo he sido. Me han preguntado si es una película autobiográfica, pero ¿cuál no lo es? ¡Quien no haya escrito un guion o compuesto una canción en la que haya un poco de sí mismo que levante la mano!

(Pausa. JESÚS mira a su auditorio virtual.)

La mañana fue complicada. Miraba el teléfono una y otra vez, comprobaba que el sonido estaba al máximo, se me salió el café, no funcionaba el agua caliente, la nevera estaba casi vacía... Pero en mi bolsillo llevaba esta carta, este talismán. *(Acaricia la carta sin abrirla y por fin abre el sobre y lee en voz alta.)* Viene de un maravilloso pueblo llamado Amapola. ¿Alguien lo conoce? «Estimado don Jesús Musitu, director de cine, guionista y productor: Perdone mi atrevimiento al enviarle esta carta a su casa. Me presento, soy Juan Moral, aunque seguro que le suene más si le digo Juanillo, que es como me llaman todos los parroquianos, alcalde de Amapola, a la sazón su pueblo y el pueblo de sus progenitores».

(Apoya el cuerpo en el atril. Le tiemblan las manos.)

«Solo cuatro palabras para decirle que...».

(Oscuro.)

ESCENA 2

Casa de Amapola. Vemos el salón vacío mientras la voz de
Jesús *lee en* off *la carta.*

Voz Jesús.— «Solo cuatro palabras para decirle que todos
los sentimos mucho. Sus padres eran muy buenas personas y el pueblo los echará de menos. Debió de ser
rápido, sin dolor. Que por la mañana la Matilde se
acercó a los buenos días y ellos aún no asomaban
cabeza. Que pensó la Mati que andarían remolones
en la cama y no insistió. Pero que pasada la hora del
santo rosario, que su madre ya no iba porque las pier-
nas andaban muy torpes, y al ver que su padre no se
acercaba a por el bollo de pan a la furgoneta de don
Sixto, comenzaron a preocuparse. Hubo quien pensó si
no se habrían ido a la ciudad con usted. *(La voz hace
una pausa larga emotiva.)* Que hacía tiempo que ha-
blaban mucho de su hijo y su padre insistía en eso del
cine. Que ya se veían en su piso de la capital. Pero la
Mati erre que erre que no, que del hijo no había nada

ni una carta de respuesta a las muchas enviadas por el padre; que ella lo sabía que pasaba muchas tardes junto a su fuego, cada vez más frío, cada vez más apagado, que ya ni sabañones daba. Erre que erre que allí había algo extraño. *(Pausa larga.)* Sentimos decirle que tuvimos que entrar sin permiso de paso, pero que esto es un pueblo y sus padres, perdón por las confianzas, eran un poco padres de todos. Y también de usted, aun en la distancia. Abrimos con miedo, llamando en alto por sus nombres. "¡Florencia!". Ni un sonido ni una persiana abierta para que entrara la luz de la calle. "¡Segismundo!". Ni un susurro ni un "pasa, pasa" habitual al que nos tenían acostumbrados. *(Silencio largo.)* No entro en detalles que no hagan sino entristecer la carta. Solo cuatro palabras para decirle que estaban juntos en la cama. Su padre tenía en sus manos una caja de madera con una foto de su Primera Comunión, con un boli Bic que quizás a usted le diga algo, aunque ahora supongo que firme los contratos del cine con una buena pluma, con una invitación de baile... A su padre le cerramos los ojos y le quitamos la caja que aun ni muerto soltaba. Lo demás fue rápido: alguacil, médico, funeraria y cura que, aunque sus padres ya tenían ganado el cielo, nunca está de más un enviado de Dios que empuje. Usted me entiende. Que sabemos que los jaleos del cine no le iban a dejar llegarse hasta aquí a tiempo para las exequias, así que adelantándonos a su viaje les dimos descanso eterno junto a La Higuera, los Estudios Amapola que a usted tanto le gustaban.

Solo cuatro palabras de despedida.

Que hasta que usted disponga qué se hace con la casa y con lo poco que había dentro, le enviamos esta caja que sus padres dejaron como único presente para que la abra. Claro, si el cine y eso se lo permite... Suyo siempre, el alcalde».

(Oscuro.)

ESCENA 3

Gala de los premios. Jesús, *emocionado, se lleva la carta al corazón. La presentadora llora, suena la canción de Amapola y en ese momento, entre el público que aplaude en pie en la pantalla retroiluminada, se ve una pareja. Son* Florencia *y* Segismundo *vestidos elegantes para la entrega de premios. En el pasillo, a su lado, se ve una vieja maleta.* Kepa *sale al escenario.*

Kepa.— *(Aplaude al público, al virtual y al real que esté en la representación.)* Dicen, dicen que soñar con flores es uno de los sueños más comunes que las personas pueden tener. Soñar con una amapola con los pétalos marchitos significa la tristeza que lleva una persona y su necesidad de liberarse de ella. *(Señala a* Jesús.*)* Soñar que se está caminando por un campo de amapolas simboliza tranquilidad y a su vez satisfacción con la vida amorosa, laboral y familiar. Este tipo de sueño representa un aire de calma que aporta un sueño placentero a la persona. *(Vuelve a mirar a* Jesús.*)*

Sí, soñar con amapolas puede simbolizar la curación del ser interior y la búsqueda de paz contra cualquier adversidad. Jesús lo ha hecho.

JESÚS.— Lo he hecho. Y este es el resultado. *(Señala la pantalla.)* Dejé de soñar ideas, de buscar historias fantásticas, mundos insólitos, para quedarme cerca, muy cerca, en Amapola. Para contar mi historia, para darme cuenta de que aún tenía la posibilidad de recuperar mi vida, de recuperar el tiempo, de recuperarlos a ellos. De cambiar ese trágico final que estaba por llegar, esa carta del señor alcalde que estaba por escribir, esta carta que aún no estaba escrita, de adelantarme al guion. Y lo hice. Con ese viaje a Amapola. Con mi vuelta a casa.

KEPA.— Lo decía al principio: el tiempo es aquello que hay entre la risa y el llanto.

JESÚS.— Decía también Mark Twain: «Cuando yo tenía catorce años, mi padre era tan ignorante que no podía soportarlo. Pero cuando cumplí los veintiuno, me parecía increíble lo mucho que mi padre había aprendido en siete años».

KEPA.— *(Con ironía.)* O Publio Sirio: «Ama a tus padres si son justos; si no lo son, sopórtalos».

(Señala con las manos y aparecen SEGISMUNDO *y* FLORENCIA *con su maleta vieja.* JESÚS *les entrega el galardón recibido y se abrazan entre llantos.)*

KEPA.— *(Al público.)* También decía que el tiempo es aquello que hay entre la risa y el llanto. No lo olviden. Rían.

(Guiño al público de los padres.)

SEGISMUNDO.— Y ojo con los cuellos de su camisa.

FLORENCIA.— *(Al público.)* Ya saben, un poquito de agua oxigenada.

(Oscuro final.)

NOTAS